Gerhard Polt · Dr. Arnulf Schmitz-Zceisczyk

GERHARD POLT

Dr. Arnulf Schmitz-Zceisczyk

KEIN & ABER

1. Auflage April 2022
2. Auflage Mai 2022

Coverillustration: Rudi Hurzlmeier
Druck und Bindung: CPI books GmbH, Leck
ISBN: 978-3-0369-5877-4
Auch als eBook erhältlich

www.keinundaber.ch

INHALT

UNGEBETENE GÄSTE

»Kommen Sie mal, Herr Löffler, kommen Sie mal mit rein. Es ist unglaublich, nicht wahr. Nun habe ich diesen Bauernhof hier gekauft, aber leider hat man mir auch noch den Borkenkäfer mitverkauft. Hören Sie sich das mal an. Hören Sie was?«

»Na!«

»Hören Sie mal richtig hin, dann werden Sie es hören. Hören Sie es nicht?«

Es knackt.

»Ah ja, jetzt hab ich was gehört. Doch.«

Es knackt wieder.

»Hören Sie nochmals. Hören Sie?«

»Ja stimmt, das ist der Borkenkäfer.«

»Ja, der kommt aus Japan, oder ich weiß nicht, wo der herkommt, nicht wahr.«

»Oder vielleicht von Dings, von Indien.«

»Nö, der kommt aus Japan, das habe ich in

der Zeitung gelesen. Dieser Bursche, nicht wahr. Da gibt es inzwischen verschiedene. Alles kommt zu uns herein, diese ganzen Insekten. Aber hören Sie noch mal. Hören Sie?«

Es knackt.

»Ja, jetzt hab ich es gehört.«

»Na sehen Sie. Da kommt der aus Japan extra hier in diesen Bauernhof herein. Der hat hier nichts zu suchen.«

SCHMITZ STELLT SICH VOR

Ja, schönen Tach auch, freut mich! Ich glaube, wir haben uns doch schon mal ... also, ich sag es noch mal: Dr. Arnulf Schmitz-Zceisczyk mein Name, sehr erfreut. Ich bin schon lange hier. Ich wohne ja hier am Tegernsee, also nicht nur in Tegernsee, sondern am See. Ich bin schon so lange hier, das ist ja schon alles nicht mehr wahr, nicht wahr. Hören Sie mal gut zu. Das war so, wir sind hierhergekommen, und da hat uns ein Bekannter, der war aus München, ein Steuerberater, der hat mir gesagt, da gäbs ein Schnäppchen direkt am See. Und da waren so Bauersleutchen drin, aber ich muss Ihnen sagen, ich konnte dann das Ding ... weil also finanziell waren die ja verzweifelt. Ich habe also gesagt, na gut, ich bin so nett, ich gebe ihnen das Geld. Sie geben mir den Hof und ich zahl ihnen auch noch eine gewisse Leibesrente, nicht. Ich habe also diese Schaluppe gekauft. Das war wirklich eine Schaluppe, das kann man nicht anders sagen. Diese Leutchen haben hier gewohnt – was heißt gewohnt, die haben gehaust. Da waren Silberfische drin, da waren Borkenkäfer drin, alle möglichen Nager. Chaotisch! Also hygienisch war das eine Zumutung. Heute würde man sagen »Messie«, nicht wahr. Sukzessive haben wir das Haus dann auf Vordermann gebracht. Ich war damals noch in Celle, danach war ich in Göttingen. Dann musste ich rüber nach Westberlin. Meine Frau Annerose hat gesagt, du bist ja immer unterwegs. Ich war immer ambulant. Sie müssen sich vorstellen, beruflich bin ich ja im Finanzwesen. Dann musste ich nach New York, wieder rüber, Südafrika, von Südafrika nach München, und dann schnell zum Tegernsee, wieder gucken, wie entwickeln sich die Sachen da. Ich habe immer gut bezahlt, aber ich möchte für mein Geld auch Qualität. Ich lasse mich nicht vermaleduckeln. Ich hatte auch Bekanntschaft gemacht mit diesem Lucki. Der war so eine Art Aufseher. Der ist ja auch heute noch bei mir Hausmeister. Ich meine, ich habe sein Vertrauen gewonnen. Ich habe dem Mann ja damals schon immer zweitausend Mark im Monat gegeben, und dann ab und zu was zugesteckt, nicht wahr. Als meine Frau und ich eingezogen sind – das war anfangs … ich muss sagen, bis wir da so richtig einheimisch wurden, das hat sich hingezogen. Der Nachbarsmensch, der ist also auch – wie sagt man? – Bauer. Ja, er nennt sich Bauer und ist Nebenerwerbsbauer. Der fährt wie wild mit dem Traktor herum. Er hat diese Ziegen, da stinkt es heraus, diese Schafe, das Geblöke und das Gebimmel von den Kühen, also ich sage Ihnen, ich bin von Prozess zu Prozess gegangen. Ich habe vier Anwälte gebraucht, bis ich endlich mein Recht hatte und das Gebimmel aufgehört hat. Ich merkte da so eine gewisse … ich muss sagen, die Leute wurden feindselig. Jetzt gebe ich hier so viel Geld aus, da könnte man doch ein bisschen Freundlichkeit und Sympathie verlangen.

In Rottach ist doch bald wieder Volksfest, nicht wahr, ich werde mal gucken, ob ich da dabei sein kann. Wir legen nämlich Wert auf diese alte, bayerische Tradition. Da sind wir normal immer dabei, ich ziehe dann meine Trachtenjoppe an und dann ist es da so richtig zünftig. Wir haben auch den Platz schon bestellt, da sind alle Leutchen da. Die Hendrichs kommen auch, nicht wahr, die sind aus Gelsenkirchen. Das sind sehr nette Leute, die lieben auch dieses »Urige« – wie sagt man? – das »Gestandene«. Ich weiß nur nicht, ob ich hier wieder wegmuss. Ich muss ja wieder nach New York, weil wissen Sie, diese ganze Trostlosigkeit, die schwappt ja nach Europa über, nicht wahr. Der ganze Finanzbazillus, das ist heute nicht mehr so wie früher. Man kann sich heute nicht mehr einfach in eine Hängematte legen. Ich sage immer zu meiner Frau, ich weiß gar nicht, wie das weitergehen soll. Aber warten Sie mal, jetzt bestellen wir mal was Originelles: Kavalquiri – einen Kavalquiri! Also, Sie müssen unbedingt mal wieder hierherkommen. Dann nehmen wir uns auch die Zeit und ich zeig Ihnen die ganze Gegend. Das ist ja alles noch, wie soll man sagen, so richtig bayerisch … also dann, tschüss! Tschüüüss, tschö, ja, tschüsschen.

ANNEROSE

Ja, also das ist wirklich herrlich hier in Bayern, als die Göbbels bei uns waren, waren die auch ganz begeistert. »Ihr wohnt ja ganz wunderbar hier, Arnulf und du.« Dann sage ich, ja bei uns am Tegernsee, das ist natürlich landschaftlich schon … da könnt ihr nicht mithalten da oben – in Gießen.

SCHMITZ BEI MEIER-WANZ

Wir sind so um sieben bei Meier-Wanz, nicht wahr. Der Herr Meier-Wanz, der ist ja schon vor Jahren von Göttingen ausgewandert an den Tegernsee. Der ist ein alter Tegernseer, seine Frau ist aus Celle. Der hat uns zum Abendessen eingeladen. Und zwar sagte er, seine Frau, die kocht besonders, nicht, die hat so diese asiatischen Dinger … Ja nein, ich war schon gespannt, und meine Frau, die Annerose, vor allem die war gespannt, was es da gibt. Das war so … wissen Sie, mit Reis, Pappreis. Und dann waren da so bläuliche Kräu… nicht Kräuter, es war eher eine Art Kraut, und ich fragte, was ist denn das, gnä Frau. Da sagte die Frau Meier-Wanz, das sei von Schrilanka. Die essen das dort gegen die Hitze. Ja, aber bei uns ist es ja nicht so heiß. Nö, sagte sie, aber wenn jetzt die Klimaerwärmung kommt, dann ist das sozusagen ein Schutz. Prophylaktikum, hat sie gesagt. Ja, ist das denn schon Medizin, was Sie da machen?

Ich werde die Sache abkürzen: Möhren, so geschnipseltes Zeug, alles so … ich kenn ja die Dinge nicht, nussartige Sachen und Wurzeln. Kein Salz, nein, sagte sie, kein Salz! Das ist so ein Gewurzel, nicht, und sie sagte, das wäre auch gut gegen Bazillen und Viren. Man hätte da Resistenz, wenn man das zu sich nimmt. Dann sagte ich, na ja, also ich bin gespannt, ob ich nen Katarrh bekomme, wenn ich das zu mir nehme. Dann gab es noch Nachspeise, irgendein Geschlabber. Und der Meier-Wanz, der isst das, ohne zu murren. Der ist ein Stoiker. Mich wundert das, der Mann ist doch ein Finanzgenie und hat immer gute Gedanken, aber was der zu sich nimmt, dass er das überhaupt erträgt … weil ich ihn noch gefragt habe in einer ruhigen Minute, als die Frau gerade in der Küche war, sagen Sie mal, ist das hier immer so. Dann sagte er, ja, das ist schon so. Und meine Frau – selbst meine Frau, die Annerose! Die ist wirklich was gewöhnt, die isst ja auch fast

kein Fleisch mehr. Die ist abstinent, aber sogar die war, also … äh … ich habe gesagt:
Haben Sie nen Schnaps? Sie haben uns also
einen Schnaps hergerichtet. Annerose und
ich sind dann jedenfalls gegangen. Wir haben
uns danach angeguckt – also, wenn die uns
wieder einladen, dann werden wir passen.
Da finden wir schon einen Ausweg.

EIN ABEND MIT DR. FEINBEUTEL

Tja, wann war es? Vorgestern. Da hatten wir bei den Rotariern einen französischen Weinabend, nicht wahr, einen Bordeaux-Abend. Das ist immer sehr zünftig. Ich kann nur sagen, eine Tannine-Schwemme, unglaublich. Da kommt immer alles zusammen, was hier am Tegernsee wohnt, und wir amüsieren uns köstlich. Nur hatte ich diesmal als Tischnachbarn diesen – wie heißt er noch? – Dr. Feinbeutel. Ich kannte den Mann bisher nicht, der ist was Höheres beim Finanzamt oder so. Ich habe vergeblich versucht, mit ihm ins Gespräch zu kommen, aber ich muss Ihnen sagen, der Mann hat ein Charisma wie eine Zentralheizung. Also sowas fades, nicht wahr. Ich dachte schon, der heißt Staubbeutel. Jedenfalls, es war fürchterlich, also so uninteressant, ein ausdrucksloses Gesicht. Ich habe gedacht, der fängt jetzt sicher an, mir etwas über seine Briefmarkensammlung zu erzählen. Und tatsächlich hat er mir dann erzählt, dass er sammelt, er ist wirklich ein Sammler. Aber Gott sei dank, ich war gerettet, denn vis-à-vis saß der Löffler. Und der Löffler hatte schon schwer geladen, da ist der immer total amüsant. Ich meine, der Löffler ist ein Urbayer, und ein richtiger Schluckspecht. Der nimmt was zu sich. Also jedenfalls, diese Fadheit. Wie ein Mensch so sein kann wie dieser Feinbeutel. Ich habe schon gar nicht mehr gefragt, da hat er mir irgendwas erzählt von seiner Frau, die wäre geschieden … ach ne! Verschieden! Na ja, vorher wollte ich schon fragen, sind Sie froh? Aber bei »verschieden« habe ich mich zurückgehalten. Wenn ich den das nächste Mal sehe, dann werde ich nur fragen, wie gehts Ihnen? Wie gehts Ihrer Frau, kann ich mir nun sparen.

SCHMITZ LEBT SICH EIN

Als meine Frau und ich zum ersten Mal hier-
herkamen, zum Tegernsee, da sagte ich zu
ihr, also eines muss dir klar sein, wir müssen
mit den Leutchen hier leben, nicht wahr. Da
kommt man nicht drumherum. Ich habe
mich zuerst mal umgesehen. Ich habe mich
dann gleich beim Segelclub bemüht, weil ich
habe ja ein Segelboot. Das Segeln war immer
schon meine Sache. Dann wurde ich also
Mitglied bei den Seglern, ich habe Ihnen
schon erzählt, wie die Knoten gehen, nicht
wahr. Ich habe auch schön gespendet, eine
Ladung Bollongier habe ich spendiert, und
auch was für die Kasse. Mittlerweile, das hat
sich schon ... ich wurde Ehrenmitglied. Ich
bin ja auch Mitglied bei den Schützen, weil
ich dachte, bei den Schützen sind die ganz
Urigen. Da ist der Bodensatz vom Tegernsee.

Da dachte ich, da musst du auch Mitglied werden. Und bei den Rotariern bin ich ja sowieso, nicht wahr. Also wir hier in Tegernsee, wir sind schon eine Bastion. Wir müssen ja auch kulturell irgendwie versuchen, dass da ein bisschen Leben in die Bude kommt. Wir möchten ja nicht nur eine Filiale von München sein oder so. Wir möchten schon die Zügel in die Hand nehmen. Und außerdem bin ich bei den, wie heißen sie, Stopsel ... Stopsl ... beim Stopselclub, ja. Da haben sie mich aufgenommen. Na ja, ich habe mich da sehr beliebt gemacht. Ich habe ihnen zweitausend hingelegt, da waren sie ganz überrascht. Die haben in die Schatulle geguckt und gesehen, oh, oho, da ist was da. Ich mein, ja gut, ich kann mir das leisten, und die Leutchen freuen sich immer. Das Monetäre ist eben ... das zieht. So habe ich mich immer mehr beliebt gemacht, und meine Frau und ich sind inzwischen, das kann man sagen, voll integriert. Wir sind auch im Trachtenverein. Ich habe mir sofort ne Joppe machen lassen, nicht wahr, mit diesem Inlett und allem. Und jeder, der heute ankommt, alle unsere Bekannten und Freunde, denen sage ich, das Erste, was ihr braucht, ist ne Joppe. Hier muss man sich anpassen. Das lieben die Leute hier, die sind eben ein bisschen sensibel. Das ist dieses Urbayerische. Meine Frau, die ist auch schon sehr integriert. Neulich hat sie einen »Opatzten« gegessen, nicht wahr. Meine Frau liebt das. Sie sagt, man muss den Geruch, also schon … aber das sind die Spezialitäten dieser Gegend hier. Die Leute sind herzlich, das sind sie wirklich. Gut, manchmal kommen sie ein bisschen naiv rüber. Aber ich mein, sie grüßen, ich grüße auch. Ich grüße sofort zurück. Ich grüße vorwärts! Also ich sage es ja, Tegernsee ist schon … Tegernsee.

ANNEROSE

Ich habe meinem Mann jetzt auch so einen
»Charivari« gekauft, nicht wahr. Das haben
alle bei den Rotariern. Wenn die sich treffen,
tragen die so einen »Charivari«, das sieht total
urig aus. Das habe ich in München gekauft,
bei einem Spitzenjuwelier.

BERGWANDERUNG

Vor Ostern, da hatten wir ja ein Wetter,
nicht wahr. Da sagte ich zu meiner Frau, wir
machen mal ne Bergwanderung. Wir gehen
auf diesen Bodenschneid. Wir fuhren natürlich erst mal mit dem Auto unten hin, denn
der Anweg ist ja immer langweilig. Dann
stiegen wir da hinauf, und ich muss sagen, ja.
Meine Frau, die zieht immer etwas nach. Ich
schwitzte. Es war so schwül, nicht. Irgendwann kamen wir zu diesem Bodenschneid-
haus und, obwohl ich im Navi nachgeguckt
habe, ob die offen haben, hatten sie nicht
offen. Der Wirt hatte offensichtlich ein Un-
glück oder ich weiß nicht was. Jedenfalls,
Gott sei Dank hatte meine Frau ein paar
Stullen dabei. Aber wir haben dann gesagt,
ganz hinauf zum Kreuz, das muss nicht
sein – also ich muss nicht zu Kreuze kriechen,

das muss ich nicht. Wir sind dann wieder
runter und haben noch vorbeigesehen beim
Dr. Kutzmutz. Der Dr. Kutzmutz hat ja
ein – wie sagt man? – »Zuowi-Haus« gebaut.
Das wollten wir mal angucken. Das hat er
sehr schön gemacht, Bungalow-Art mit so
Tropenhölzern, sehr schön und auch rusti-
kal. Wir tranken dann noch ein Glas mit
ihm, wunderbar. Und er sagte mir, das ist
interessant, nicht, der Dr. Kutzmutz hat einen Bekannten, der hatte sich gekratzt. Man
muss sich das vorstellen: Der kratzt sich,
ganz normal, und bekommt ne Blutvergif-
tung und musste ins Krankenhaus, nicht
wahr, Sanka, aber hopp. Der hat es gerade
noch geschafft. Wenn man diese Dinge hört,
da wird man ja nachdenklich. Noch so ein
Fall, von dem hat er auch erzählt: Ein junger
Kerl … na ja, das sind diese Hippies heute,
die sind dann wieder am Kilimandscharo
und so, so Tropenkrankheiten, Malaria, das
weiß man ja. Aber der hatte sich irgendwie
Würmer geholt, in Asien. Da war er in
Asien. Oder nein! Ich glaube in Peru. Nein,
es war Peru! Da hat er sich also Würmer
geholt. Jetzt musste man dem … man sagt

das ja so: die Würmer aus der Nase ziehen. Der war voll verwurmt. Alles, in der Leber, überall Würmer. Also das war ein schwerer Fall. Er scheint noch zu leben, aber ich nehme an, der wird sich das nächste Mal überlegen, ob er unbekümmert einfach hinfliegt. Ich denke mir oft, und sage es auch zu meiner Frau, sind wir froh, dass wir hier am Tegernsee sind, da gehe ich höchstens mal ins Bräustüberl. Das ist auch ein Biotop, aber die Würmer sind überschaubar. Sie wissen, was ich meine. Aber mit der Gesundheit … drum sag ich, immer schön halblang. Halblang!

SCHMITZ MACHT SICH EIN BILD

Neulich bin ich mit meiner Frau in die Stadt, weil meine Frau sagte, sie muss mal wieder raus. Sie braucht mal wieder kulturelle Luft. Na ja, sag ich, nun gut, schön, ich fahre mit. Dann sind wir in die Kunstakademie, nein, nicht Kunstakademie, in die … sagen Sie … Moderne Kunst, nicht wahr. Also ich bin durchaus für Malerei. Aber wissen Sie, ich bin da noch vom alten Schlag. Ich will den Defregger sehen, oder mal einen See. Man kann doch auch einen Wald malen, nicht wahr. Aber dann gings da rein, und ich wusste schon eieieicici … Die hatten da so einen Platz, wo man sich niederlassen konn- te. Ich sagte zu meiner Frau, geh du mal. Sie wollte sich diese jungen Wilden anschauen. Schau du dir die jungen Wilden an, sagte ich, ich will jetzt keine Wilden sehen. Ich habe mir ein Glas Wein bestellt, nicht, und hab mir sozusagen selbst ein Bild gemacht und geguckt, was da für Leute vorbeikommen. Das ist wirklich interessant, was durch so ein Museum geschleust wird. Das ist nicht zu glauben. Aber was die da so produzieren … ich weiß, ich mach mich sehr angreifbar, aber für mich ist dieses Gekritzel … kennen Sie den Blöchmeier? Der hat einen Neffen. Und dieser Neffe hat an der Kunstakademie studiert, nicht. Und er hat das finanziert. Dann hat der Blöchmeier mal gesagt, ich soll mitkommen. Ich bin damals mitgegangen mit dem Blöchmeier, und dann war da auch der Neffe: nett, junger Mensch, nicht wahr. Er sagte, er installiert. Und ich dachte, ne Küche, oder was? Ne, ne, er ist Installateur, das sind so Künstler. Dann hatte er so Zeug, so Drähte mit Kupfer, und da hat er ein Stück Holz rein, das hat er zusammengezogen und vorher alles so durchgebohrt, wissen Sie. Er hatte auch noch so eine Blechbüchse, nicht wahr, und irgendwas, was so merkwürdig geschnurrt hat. Und ich habe gesagt, junger Mann, schön, was Sie da machen, aber was ist das? Was bedeutet das? Dann sagte er, das will er mir nicht sagen, ich muss mir das selbst imaginieren. Ja, imaginieren ist gut, aber das ist schon ein schöner Happen, sich da was zu imaginieren! Hat das einen Titel? Ja, sagte er, das heißt *Gegenwind bei den Elchen*. Ich habe gedacht, mich tritt ein Elch. Die jungen Leute heute, sie sind nett, aber wovon lebt der mal? Will der mal Taxi fahren? Also ich muss Ihnen ehrlich sagen, ich bin da etwas ratlos.

JASON MUSS VEGAN

Neulich, das war ein richtiger Reinfall, muss ich sagen. Ich war bei meinem Patenkind, meinem ehemaligen Patenkind, und der hat einen Sohn, den Jason. Der hatte Konfirmation, da war ich eingeladen. Der Mann ist inzwischen Konvertit. Der war mal Fleischesser, nicht wahr, ist jetzt aber ein Vollblutveganer. Also, was die da kredenzt haben, mir tut das Kind sehr leid. Wie soll ich sagen, der Jason ist kreidebleich. Ich meine, bei dieser Kost, die die da auf den Tisch gestellt haben, das war mit viel Natron – wie hieß das? – Taiwanesisches Paradies, oder so ahnlich. Da waren so Chutney und Zimt-Sachen, das war süß, mit sehr vielen Wirsing-Blättern, alles auf Wirsing-Basis. Sie sagten, das wäre der Winterhit, jedenfalls alles ohne Gluten. Und dann war da auch Polenta, Polenta-Grieß, wie sie sagten. Ich weiß nicht, wie sie das zusammengerührt haben. Sie sagten immer: Kein Gluten! Ja schön, sagte ich. Und zu trinken gabs so einen Schmoothie. Ein Bier wäre doch aus was, ein richtiges, bayerisches Bier! Ich bin das ja vom Tegernsee gewohnt, aber diese Pampe, die die uns da hingesetzt haben – mir tut das Kind leid. Als ich wieder zu Hause war, war das Erste, was ich zu mir genommen habe – wie man es bei uns am Tegernsee so macht –, einen Obstler. Und dann noch einen. Und weil man sagt, auf zwei Füßen steht man nicht, habe ich noch einen dritten genommen. Danach war ich wiederhergestellt.

DER AUTOFAN

Ich weiß nicht, ob ich es Ihnen schon erzählt habe, aber ich habe eine Neuigkeit. Ja, das wird Sie überraschen. Ich meine, natürlich bin ich ein alter Porscheaner, aber ich habe mal eine Sünde begangen, ich bin nämlich mal Maserati gefahren. Ich bin aber wieder reumütig zurückgekehrt zum Porsche. Jetzt habe ich diesen Turbo S, nicht wahr, 680 PS, das gibt einen Ruck, wenn man wegfährt. 3,6 Sekunden braucht der auf 100 Kilometer. Der neue ist ja sogar ökologisch, nicht wahr. Den kann ich sogar, wenn ich will, unter zwanzig Liter fahren. Dann habe ich noch ein paar Sachen drin, die ich heute als absolute sine qua non … Sie verstehen. Dieses Rear-Seat-Entertainment-System und die Vivaldi-Four-Season-Climate-Seats habe ich auch drin. Wissen Sie, ich fahre ja manchmal zu dem Dr. Pemsler runter an den Gardasee. Da rufe ich ihn in der Früh an und sage, pass mal auf, ich komm auf ein paar Spaghetti vorbei. Dann fahr ich vom Tegernsee schnell runter, und zum Kaffee bin ich schon wieder zu Hause. Was ich alles habe? Na ja, die ganzen Extras, Coming-Home-Light, ROPS – Roll-Over-Protection-System. Aber wissen Sie, ich sag mir halt in der heutigen Zeit: Schnelligkeit ist Sicherheit. Auch wenn manche Leute in der Ansicht divergieren, aber es gibt eben diese Momente, in denen man überholen muss und zwar rechtzeitig. Das wird oft übersehen. Sie wissen ja, diese Feindschaft dem Automobil gegenüber. Ich habe mir dazu was gedacht: Das Auto, die Farbe, das wird Labrador-Grün-Metallic-Individuell, nicht wahr. Grün habe ich gedacht, dann gehst du mit der Zeit. Aber Sie wissen, Grün ist auch ein Zeichen von Neid. Ich muss es Ihnen ganz ehrlich sagen, wenn diese Grünen … hmhmhm ich sehe jedenfalls schwarz, nicht grün.

DER FEINKOST-GRIECHE …

»Ja, guten Tach!«

»Ja, griaß Gott, Herr Schmitz-Zceisczyk.«

»Ich hätte gerne, passen Sie auf, ich hätte gerne einen Papaya. Und haben Sie nen Mango?«

»Könne Sie beide habe, Mango auch ich habe, aber Mango is von vorige Woche, muss i sage.«

»Dann kein Mango!«

»Und wie gehts sonst? Herr Schmitz-Zceisczyk, is alles gut?«

»Ja, dankeschön der Nachfrage. Also wenn Sie keinen Mango haben, der frisch ist, dann nehme ich, also Zitrone brauche ich, Limette und … «

»Habe Sie schon gehört, dass Herr Vogelbauer, der wohnt bei Ihne um die Ecke, jetzt is tot?«

»Wer? Vogelbauer? Kenn ich nicht.«

»Der wohne hier, isse fast Ihre Nachbar, is gestorbe.«

»Ja, das kann sein, ich kenne den Mann nicht.«

»Isse aber gestorbe, ganz egal, ob Sie kenne. Aber ich sage Ihnen nur, weil is Ihr Nachbar.«

»Ja, das kann schon sein, schade um ihn, tut mir leid. Vielleicht noch etwas Endiviensalat, können Sie mir den geben?«

»Ich habe auch Tsatsiki, ganze frische Tsatsi…«

»Nein, das Zeug fress ich nicht. Mit sowas können Sie mir nicht kommen.«

»Aber Limette, gut, Limette. Zwei Limette?«

»Geben Sie mir zwei Limetten, ja. Oder drei, Sie können mir auch drei geben. Ich mach so ne Macedonia, so nen Salat.«

»Ja, isse gut, aber wie gehts Ihre Frau?«

»Wieso? Ja gut, danke schön.«

»Ja is sie aus Krankehaus heraus?«

»Wieso heraus? Meine Frau war nie im Krankenhaus, wie kommen Sie denn darauf?«

»Ich habe gehört, Ihre Frau is jetzt wieder genese.«

»Wie kommen Sie auf die Idee? Meine Frau war nie im Krankenhaus.«

»Aber der Herr Boblinger hat gesagt, dass Ihre Frau wieder zurück …«

»Ja, wie kommt … wer ist dieser Boblinger? Kenn ich nicht!«

»Boblinger kommt immer alle halbe Jahre, kommt er Tegernsee, und er weiß immer, erzählt er.«

»Sagen Sie, das ist ja Rufschädigung! Wie kommt dieser Mann dazu? Das ist unglaublich, das ist Rufschädigung, das ist ja das Letzte überhaupt!«

»Ah nein, schuldigung, habe ich Sie verwechselt, das war ja Herr Sattler. Sattler, die Frau von dem Sattler, die ist ja im Krankenhaus gewesen. Und Bruder von ihr is ja tot, weil war in die Garage.«

»Welche Garage?«

»Na, bei Ihnen ist doch die große Garage, viele Garage, gebaut in Tegernsee. Und der hat sich … der is tot, Herzschlag. Und eine halbe Jahr davor hat sich doch auch Verwandter von ihm, hat sich Suizid mit Abgas, hat er sich …«

»Ja schön, ist ja gut. Also Endiviensalat mit

Limetten, Mango nehme ich nicht. Dann geben Sie mir …«

»Ja, is ja gut. Ich packe alles ein, ge, pack ma alles ein. Und komme Sie auch zu Heimatabend? In Tegernsee is Heimatabend.«

»Ja, weiß ich noch nicht.«

»Also ich gehe auf alle Fälle zu Heimatabend.«

»Ja, schönen Tach.«

… ERZÄHLT

Isse gekomme, der Herr Schmitz-Zceisczyk, einmal zu mir in Geschäft isse gekomme, weil er hat gesagt, er hat gekauft Weintraube. Da sagt er, bei ihn zu Hause, Frau sich beschwert, weil er hat Fruchtfliege. Da sag ich, Fruchtfliege, das ist nicht unbedingt von Weintraube, das kann auch sein von Fenster gefloge, nein, das is vo Weintraube und Weintraube is nicht so gut, und er bringt zurück Weintraube. Also Schmisch-Zscheisch … er is scho eine besondere Mensch.

Da is er auch einmal gekomme, der Herr Schmitz-Zceisczyk, is gekomme ins Geschäft und hat gekauft a Zitrone. Und dann hab ich gesagt, habe Sie noch die Fruchtfliege? Da hat er geschaut, dann habe ich gesagt, habe ich für Sie Fliegefänger. Fliegefänger! Hat er nicht gelacht.

ANNEROSE

Nun waren wir vorgestern bei Frau Ölmes eingeladen, die hatte einen Kuchen gebacken, also nicht sie selbst. Den hatte natürlich ihre Haushälterin gemacht, aber das sollte die lieber bleiben lassen.

PEINLICHE SITUATION

Tja, morgen Mittag, da kann ich ja gar nicht kommen, weil ich da eine Begehung habe. Diese Nachbarsleute, diese Gabelsbergers, nicht wahr, die haben wieder Hühner. Da ist ein Hahn, und ich muss Ihnen eines sagen, also ich bin wirklich, Geflügel gegenüber … das ist ja alles in Ordnung, Bauernhof hin und her, aber die können sich doch heute das Huhn auch im Edeka kaufen. Die Eier gibt es auch überall, da muss ich doch nicht züchten, nicht wahr. Jetzt haben wir also Begehung. Da kommen die vom Landratsamt und werden mal die Dezibel messen. Ich sage Ihnen: Jede Nacht! Ich bin fix und fertig. Meine Frau sagt auch, das geht so nicht. Verstehen Sie, ich habe wirklich für Bauern und Kultur und für diese Leutchen viel übrig, nicht wahr. Das ist alles schön und recht, das Ländliche in Ehren, aber hier so nen Hahn einfach ungebremst immer krähen zu lassen, das muss man sich doch nicht gefallen lassen. Mein Anwalt hat auch gesagt, wir werden die Sache in den Griff kriegen, so kommen die mir nicht durch. Es gibt doch auch anderes Vieh, das ist viel leiser, da gibt es doch Alternativen, nicht wahr.

ANNEROSE

Ich habe jetzt schon das zweite Huhn über-
fahren, von unseren Nachbarn. Hach, das ist
mir peinlich. Mir ist das wirklich peinlich,
aber was soll ich machen? Die mit ihren
Hühnern!

FRAU GABELSBERGER

Ich weiß nicht, wie ichs sagen soll, aber wir haben so einen Ärger mit diesem Schmitz-Zceisczyk. Jetzt haben wir seit zwei Jahren Hühner, und jetzt haben wir auch ein Giggerl, den Bobo. Natürlich kräht der! Und der Schmitz-Zceisczyk ... jetzt hat er einen Anwalt. Ein Schreiben, das geht nicht, des wär ihm zu laut, er müsste schlafen. Und er kann keinen Giggerl ned hörn. Ja, mein Gott, na dann hätt er halt irgendwo anders bleiben sollen, aber ausgerechnet hier kimmt er her. Ein Giggerl kräht halt. Aber nein, ein Anwalt, und jetzt kommen die vom Landratsamt und machen eine Messung mit dem Dezibel und wie das heißt und dann kanns sein, dass wir den Bobo hergeben müssen. Na, ich mach da nicht mit! Wir haben fünfzehn Hühner, das ist eh nicht viel. Vor ein paar Jahren haben wir die hergetan, damit wir wieder Hühner haben. Und jetzt kimmt der fade Kerl daher und führt sich auf, als ob ihm alles ghörn würd. Mit solchen Leuten da heraussen, nix wie Ärger!

DER CONNAISSEUR

Also, dieser Wein! – Eindeutig! Ganz sicher! Stimmt genau! 2016! – Das ist ein 2016er! Ein exzellentes Vintage-Jahr! Jedenfalls im Bordeaux! Der hat genau die Balance Tannine – Noblesse!

Nicht, dass Sie glauben, ich würde ausschließlich französische Weine trinken, aber ich bin geneigt zu sagen – jawohl – die Franzosen und der Wein! Da besteht eine gewisse Liaison! Der Wein, das ist wie das französische Blut! Da gärts – da spürt man das Rebellische, das Gelbwestige, Robespierre, Französische Revolution! Nicht wahr! Jeder Schluck ein Sturm auf die Bastille. Da muss der deutsche Wein passen, der ist beim deutschen Michel in guten Händen, aber Sie wissen doch: »Vive la difference.« Dass ich mich heute Weinkenner nennen darf, das wurde mir auch nicht in die Wiege gelegt! Da hieß es, eine lange, beschwerliche Marschroute hinter sich bringen. Was habe ich meiner Leber nicht alles zumuten müssen! Goldene Oktober, Amselfelder, Winzerblumen, Nacktärsche – auch afrikanische Qualitätsweine wie der »Edle vom Mornag«, für 1,20 den Liter! Meine Großmutter, das weiß ich noch, hat diesen Pierotwein bevorzugt, diesen Wein, wo gar kein Wein drin war, oder auch mal einen Eiswein, mit dem wir wegen seiner Qualitäten unseren Granittreppenaufgang eisfrei gehalten haben! Aber die Oma war drauf eingeschworen, und eine Maibowle ohne den Pierot war für sie undenkbar! Freilich, Connaisseuse war sie keine!

Selbstverständlich gibt es auch deutsche Qualitätsweine, aber bei uns fehlts im Gegensatz zu den Franzosen einfach am kulinarischen Hinterland! Ein Franzose kennt eben und liebt die Diversifikation! Will sagen – welches Gericht zu welchem Wein? Welcher Wein zu welchem Käse? Zum Brie natürlich ein Sancerre, zum Camembert ein Chablis – Provence – Burgund – Languedoc. Aber zum Coq au Vin oder Chateaubriand natürlich ein Châteauneuf-du-Pape. Zum Roquefort …

ach … Und beim deutschen Wein?! Diese Unschlüssigkeit … nehmen Sie diesen Württemberger, diesen Trollinger, da kann man nur ein Aspirin dazu empfehlen.

Jedenfalls müssen wir verdammt aufpassen, dass uns diese Briten gastronomisch nicht auch noch abhängen! Ich erzähl Ihnen zwei Fälle, die mir neulich passiert sind. Ich reserviere mir auf Empfehlung meines Influencers einen Tisch in einem Restaurant und bestelle als Entree eine Flasche Pidoque – 2004. Médoc Grand Cru. Der Kellner bringt die Flasche, eigenartigerweise schon geöffnet, und schenkt ein. Ich war schon misstrauisch, rieche und sag zu ihm: »Der Wein povidiert.« Er schaut ratlos, und ich werde deutlich: »Er korkelt! Der Wein korkelt!«

Sagt der Kerl: »Das kann nicht sein!«

Sag ich: »Werden Sie nicht frech! Ich bin mein Leben lang ein weinaffiner Mensch. Ich weiß, was ich sage!«

Sagt er nochmals: »Der Wein korkelt nicht!«

Sage ich: »Wieso, erklären Sie mir das bitte!«

Sagt er: »Dieser Wein hat einen Schraubverschluss.«

So weit sind wir bei uns in Deutschland schon gekommen, dass Schraubverschlüsse korkeln!

Ein anderer Fall, wieder in einem von meinem Influencer empfohlenen Restaurant: Ich bestell ein Wiener Schnitzel, ein echtes, kein Schnitzel Wiener Art, und finde in der Panade acht, wirklich wahr, acht Gräten. Der Ober lässt sich nicht blicken, erst nach mehrmaligem Rufen kommt er. Ich zeig ihm das Corpus Delicti und sage: »Fischgräten haben doch in einem echten Wiener Schnitzel nichts verloren.«

Seine Antwort: »Das ist Ansichtssache!« Skandalös! Wie konnte es nur mit unserem Land so weit kommen? Ich sag Ihnen, was ich glaube! Weil wir den Krieg verloren haben! Das ist schuld. Aber das ist auch Ansichtssache!

ANNEROSE

Also die Frau Orlow, meine Bridge-Partnerin, die war beim Visagisten, weil die hatte einen Hals wie ein Truthahn. Dann ging sie zu diesem Dr. Mettiç, der ist ein bekannter Visagist. Aber ich muss leider sagen, der Hals, na ja, so wie bei der Nofretete ist er nicht geworden.

ENDLICH MILLIARDÄR

Also, ich werd mal ne Flasche Champagner öffnen. Ich habe es am Donnerstag letzte Woche erfahren, und ich muss sagen, ich wusste es nicht. Ich meine, ich bin nun kein Armer, nicht wahr, aber ja, ich habs geknackt! Mir hat der Dr. Pfalzwedel, das ist einer von den Bankern, der hat es mir gesagt: Gratuliere! Na, sag ich, wieso denn. Dann sagt er, Sie haben die Milliarde geknackt, Sie sind ab jetzt Milliardär. Dann sag ich, na ja, wenn das so ist, dann werde ich mir heute nen Bismarckhering und ein Bierchen genehmigen, nicht wahr. Ich muss mal darüber nachdenken. Das ist dann doch, wenn man Milliardär ist, da kommen Dinge auf einen zu. Ich muss mich innerlich damit abfinden … aber meine Frau, die wird mir schon helfen. Da bin ich ja nicht alleine. Aber so ein

Dasein als Milliardär, nicht wahr, also hier am Tegernsee, da haben sie dann einen mehr, statistisch. Da können sie vielleicht im Tourismusprogramm damit Anzeigen machen oder so.

DER MALLORQUINER

Wissen Sie, ich muss Ihnen Folgendes sagen. Ich habe, also was heißt ich, meine Frau und ich natürlich, wir haben uns, das war jetzt vor drei Jahren, da haben wir uns in Mallorca umgesehen und uns da eine Villa gekauft. Die war schon teilweise fertig gebaut von einem Belgier. Und der Belgier hat irgendwie gesundheitlich ... ich weiß nicht, Leukozyten ... also er hatte irgendwas. Und dann musste er die Villa aufgeben. Und das war der Schulze, der hat mir das empfohlen, der kannte diese Villa. Der hat zu mir gesagt, du suchst doch sowas, du willst doch ein Resort! Ja, sag ich, so ein Refugio. Dann bin ich eingestiegen und meine Frau war auch ganz angetan. Ich meine, wir haben für alles zusammen – ich spreche nicht gern über Geld – aber es waren so vier oder fünf

Millionen, nicht wahr. Also man kann jetzt lange darüber diskutieren. Ich musste auch darüber nachdenken, weil man ja immer ins Flugzeug muss, nicht wahr. Aber Schwimmingpool, Sauna, das Nötige ist da.

Jetzt ging es um einen Hausmeister, jemand, der da guckt. Da ist ja ne Wohnung für so jemanden da. Ich konnte keinen Spanier finden. Das heißt, ich hätte schon einen gefunden, aber die sprechen alle nicht Deutsch. Ich denk mir, Mensch, warum sprechen die nicht Deutsch. Ich mein, die leben doch von uns! Und dann kam ich auf Zlauko. Zlauko ist Slowene, und der spricht blendend Deutsch. Zlauko habe ich angestellt, mit seiner Frau und seinen Kindern, und seitdem ist Zlauko in Mallorca und er freut sich. Der guckt aufs Haus, der Schwimmingpool ist sauber, und der Filter stimmt. Die Fliesen sind picobello sauber, nicht wahr. Die Frau ist auch sehr tüchtig. Der kommt auch mit diesen Spaniern zurecht. Er sagt zwar, er wundert sich auch mal über die Spanier – und das sagt er, als Slowene. Aber soll mir recht sein, denn Zlauko kauft ein, nicht wahr. Wenn wir kommen, zum Beispiel an Weihnachten, dann besorgt er alles. Da ist ne Fichte da, ein Christbaum, und wir können dann auch ein deutsches Weihnachtsfest begehen. Die Plätzchen – der setzt sich ein, fabelhaft, so eine Perle da zu finden, das ist wirklich nicht einfach, wissen Sie.

Ich wollte eigentlich noch weiter, irgendwohin, wo es wärmer ist. Im Winter kann es da ja sehr zugig sein, nicht wahr, dann bläst so ein frischer Wind und es regnet. Aber meine Frau will nicht nach Florida, die will nicht auf die Seychellen, die will nicht – die will das nicht! Wir haben da eine Art Heimat gefunden. Also unsere Heimat ist natürlich jetzt der Tegernsee. Ich bin gleich draußen am Flugplatz, nicht wahr, nur ein Katzensprung, da kann ich schnell wieder zurückfliegen. Oder wenn ich mal nach Berlin muss, dann mach ich halt mal ein Hopping, das geht alles ruckizucki. Ich bin sehr zufrieden, muss ich sagen. Meine Frau, sie töpfert ja auch und neulich hat sie mal so eine Plastik gemacht. Sie malt auch gerne. Sie malt immer so Tegernseer Motive, alles so heimelig. Damit haben wir das Haus ausgestattet – Sie müssen mal kommen! Sie werden sehen, das ist urig.

Können Sie sich noch erinnern? Sie waren doch bei uns, als wir dieses Haus in Grasse hatten. Ja, ich muss sagen, das war durchaus … das war eine Dependance von einem Kloster oder so, herrlich. Aber wissen Sie, auf Dauer, diese Algerier, diese Banden! Ich bin dreimal ausgeplündert worden, die haben das … schrecklich. Die sind wie die Vandalen. Ich hatte Zehntausende Euro in die Alarmanlage investiert, aber was hilft das. Die kommen mit dem Presslufthammer, diese Algerier, das wird alles thematisch runter … da lesen Sie nichts in der Zeitung. Aber was da an Kriminalität, nicht wahr, da habe ich gesagt, nö. Nö, nicht mehr mit mir. Dann habe ich das Ding verkauft, an einen aus Frankfurt am Main, ein netter Mensch, dem hats gefallen. Der fand sehr viel Gefallen daran, der war auch solvent, das ging alles reibungslos. Ich habe ihm natürlich nichts von den Algeriern erzählt, das wird er schon noch merken, nicht. Aber ich musste ja auch Lehrgeld zahlen. Warum soll er das nicht auch? Ich meine, er sagte, er kommt im Jahr auch nur höchstens für drei Wochen, man verbringt da mal eine, mal zwei Wochen.

Und das wissen diese Algerier doch, die spionieren das aus. Es war schrecklich, nicht wahr, immer wieder neue Möbel, immer wieder musste man das Haus reparieren. Ich sage Ihnen, was die … na ja, lassen wir das. Wissen Sie, ich will nicht politisieren, mich geht das jetzt nichts mehr an, aber politisch, das ist schon … also mir tun die Franzosen manchmal leid.

SCHWARZBAU

Frankreich, das ist eine Sache, Spanien ist eine ganz andere Sache. Ich meine, Spanien – diese Bürokratie, da muss man einfach durch. Das muss einem klar sein, wissen Sie. Wenn man sich da niederlässt, die Leutchen sind ja unbeweglich, nicht wahr. Gucken Sie mal, als wir das Haus übernommen haben, der Belgier, der hatte ja … also Schwimming- pool konnte man das nicht nennen, das war ne Pfütze. Und dann habe ich gesagt, nö, und meine Frau hat auch gesagt, sie ist eine leidenschaftliche Schwimmerin und sie geht ungern ins Meer, wegen dieser Verschmut- zung heute. Da habe ich das eben ausgebaut. Zweihundert Quadratmeter, sagte ich, das muss schon sein. Dann bekam ich von denen doch wirklich die Aufforderung, den Pool zuzuschütten. Ich sagte, wie kommen Sie denn da dazu. Ja, verstehen Sie, von Amts wegen. Die wurden zudringlich. Ich habe nen Anwalt eingeschaltet und ich habe gesagt, seien Sie doch froh, wenn hier ein Schwimmingpool ist, Sie haben doch ständig diese Waldbrände hier. Ich meine, da kann der Hubschrauber kommen, kann tanken, das Wasser entnehmen und ich helfe gerne, diese Waldbrände zu stoppen. Das kann man ja alles löschen. Und dann sagten die, vierhundert Meter weiter wäre die Küste, da könnten sie auch das Meerwasser nehmen zum Löschen. Dann sagte ich, ja, das könnt ihr schon, aber ihr müsst doch wissen, das ist Salzwasser.

ANNEROSE

Irgendwann muss ich auch wieder nach Mallorca in unser Haus, weil die Chaiselongue fertig ist, die ich in Florenz habe anfertigen lassen. Aber ich komm dann gleich wieder zurück, denn zum Flughafen ist es ja nur ein Katzensprung.

SCHMITZ BENEFIZ

Tja, wie soll ich Ihnen das erklären? Das ist meine Frau, die ist da sehr hinterher. Sie sagt, uns gehts gut, nicht wahr, wir können ja auch mal was Benefizianisches machen, nicht wahr. Ich bin ja auch nicht abgeneigt, ich meine, wenn man hier am Tegernsee lebt, dann möchte man ein Zeichen setzen. Und da hatte ich gedacht … also mein Kalkül war, ich spende hier einen Kindergarten. Heute sind Kindergärten angesagt, also habe ich mit dem Bürgermeister gesprochen, direktes Gespräch, und ich sagte, ich bin bereit, nicht wahr, einen Kindergarten mit allem Drum und Dran, den würde ich Ihnen bereitstellen. Ich kenne das Grundstück, das ist unbebaut, da setzen wir nen Kindergarten rein. Und da sagte der gute Mann, das wäre schön, aber er müsse leider sagen, es gäbe keine Kinder mehr in der ganzen Gemeinde. Ja, was ist denn da los? Nein, sagt er, es ist keins mehr da. Also ich muss schon gestehen, das hätte ich nicht gedacht. Das hätte ich mir nicht gedacht! Meine Frau war auch sehr enttäuscht, nicht wahr. Aber wenn kein Kind da ist … wo nichts ist, hat der Kaiser sein Recht verloren.

TEGERNSEE GRÜSST KABUL

Tja, wissen Sie, wenn Sie mich fragen würden, politisch … also schon die Frage, links oder rechts: Ich stehe weder links noch rechts. Schauen Sie, dieser Erasmus von Rotterdam, der war Humanist. Das Humane, das ist nicht links, das ist nicht rechts, das ist eben human, menschlich. Das war auch einer der Gründe, warum ich zu den Rotariern gegangen bin. Man möchte ja was tun für den Mitmenschen und Beziehungen haben, von denen man selber auch profitiert, nicht wahr. Man erweitert damit ja auch seinen Horizont. Ich habe so viele Leute kennengelernt und eine Hilfsbereitschaft, das war großartig. Denken Sie nur daran, als das damals losging mit dieser Krise in Afghanistan. Da haben wir eine Aktion gestartet, zu der waren alle Bäcker und Konditoren aufgerufen, wir haben das

alles finanziell unterstützt. Wir haben nämlich einige Stollen nach Afghanistan geschickt.
Wenn ich mich richtig erinnere, waren das
320 Weihnachtsstollen, Original Dresdner.
Meine Frau hat noch gesagt, hoffentlich ohne
Palmfett und ohne diese Dinge, weil die wissen das ja auch mit dem Klima. Das haben
wir damals gemacht, die Aktion nannten wir
»Tegernsee grüßt Kabul«.

Ich meine, wissen Sie, beruflich bin ich
viel rumgekommen, denn offiziell bin ich
Berater. Und wir beraten auch die Bundes-
regierung, in solchen Dingen. Die sind ja
zum Teil ahnungslos, und da müssen die
natürlich schon, also finanziell … es tut mir
leid, aber das ist für die ein Aderlass. Die
müssen zahlen. Man sagt immer, guter Rat
sei teuer. Eines unserer letzten Projekte war
das in Harare. Das ist die Hauptstadt und
die Partnerstadt von München. Die Leute da
kennen zwar das Zebra, also wie ein Pferd,
das kennen sie, einen Vierhufer. Aber den
Zebrastreifen kennen sie nicht. Wir haben
gesagt, da müsst ihr was tun, da müsst ihr
investieren, damit da Zebrastreifen gebaut
werden, denn die fahren ja teilweise rück-

sichtslos die Leutchen tot. Vorne haben die dieses Büffeldings am Wagen, die rammen die Leute weg, ungeheuerlich. Das geht nicht. Noch mal: Das Menschliche muss im Vordergrund stehen. Alle diese Aktionen haben einen tieferen Sinn, nicht wahr. Davon weiche ich nicht ab.

EIN HERZ FÜR TIERE

Meine Frau hat sich verpflichtet bei dieser Aktion, dieser Organisation »Vier Pfoten e. V. international«, nicht. Tiere, die vereinsamt sind oder die halt irgendwie … die werden da verpflegt. Die bekommen ein Gnadenbrot, und zwar weltweit. Egal ob Igel oder Pferd, Hund, Katze, in Brasilien, in Indonesien. Diese Leute geben denen dann zu fressen. Das Elend ist wirklich enorm auf dieser Welt, wenn wir um uns gucken, nicht.

Aber trotzdem, ich bestell jetzt mal nen schönen Roten, nicht wahr, einen Grand Cru. Es hilft ja alles nichts, es muss ja irgendwie weitergehen.

HUMMERWEISSWÜRSTE

Was ich bei uns am Tegernsee so schätze, wissen Sie, das ist einfach auch die Gastronomie. Als wir hier her gekommen sind, meine Frau und ich, da war das Wüste. Verstehen Sie mich, wir lieben das Urige, damit hat es nichts zu tun. Aber wir konnten es nicht mehr ab, dieses Essen, das war irgendwie alles fett und so. Abgesehen vom Bier, das war tadellos. Aber das Essen – wir haben uns immer nach Hause verzogen, weil im Restaurant, das ging einfach nicht. Aber mit der Zeit hat sich das verändert. Wir sind heute am Tegernsee in einer ganz anderen Kategorie angelangt, nicht wahr. Zum Beispiel bei Benno's. Ich gehe also rüber zu Benno's mit meiner Frau und bestelle Weißwürste. Jetzt werden Sie sagen, Weißwürste, das ist nichts Besonderes. Oh doch, denn die sind aus

Hummer! Die sehen aus wie Weißwürste, aber die sind original aus Hummer, Hummerweißwürste. Oder ich geh manchmal rüber zum Giuliani, nicht wahr. Beim Giuliani sage ich, Giuliani, du weißt, was los ist, Tagliatelle, aber mit Alba. Alba, das heißt so viel wie »Guten Morgen«, das ist der Trüffel. Da sag ich, tu mal auftrüffeln, nicht. Der trüffelt uns dann die Tagliatelle … also wow! Ich kann Ihnen nur sagen, das Essen dort ist exorbitant. Früher war das hier immer etwas hinterwäldlerisch, nicht. Ich sage es noch mal, das Urige, das ist trotzdem geblieben. Das ist das Wunderbare hier. Man spürt gar nicht, dass hier gastronomisch der Atem der Zeit begriffen wurde. Wenn Sie heute Erdbeeren aus Peru möchten und all diese Dinge, da brauchen wir gar nicht reden. Alles da, alles da. Am Tegernsee vermisse ich nichts.

ANNEROSE

Bei den Baguettes bin ich wirklich pingelig,
die müssen dünn sein, frisch und knackig,
die müssen direkt von Paris kommen. Ohne
Amazon wäre ich aufgeschmissen.

HERR BIEBER BEISST AN

Ja, wovon wollte ich jetzt reden? Ich hatte erst neulich ein Gespräch mit Bieber, also mit dem im Landratsamt. Das ist der Kreisbaumensch, nicht wahr. Ich sagte, Herr Bieber, ich hätte gern mal mit Ihnen in Ruhe ein paar Worte gewechselt. Und dann stellte sich raus, er kennt auch den Heinzel vom Lions Club. Ich habe gesagt, dann gehen wir hernach noch auf ein Bier, aber vielleicht in Ruhe aufm Golfplatz. Er sagte, sein Handicap sei so in der Mitte. Ich sagte, das spielt doch keine Rolle, es ist ein schöner Tag, fahren wir raus auf den Golfplatz. Und das war ein interessantes Gespräch. Der Mann hat über sein Handicap gespielt, muss ich sagen. Double-Bogey oder so. Er hatte zweimal ins Rough reingeschlagen. Na ja, wie auch immer, er hat die Bälle alle wiedergefunden. So, jetzt passen Sie auf. Es geht mir darum, ein guter Freund von mir sitzt in Düsseldorf. Der wäre auch dran interessiert, dass sich in Tegernsee mal etwas rührt. Ich habe zu ihm gesagt, da muss man investieren. Das Tal braucht Geld. Und ich brauch nen Anschub. Deshalb habe ich gesagt, da werde ich mal mit diesem Kreisbau ... mit diesem Bieber werde ich mal und so. Na ja, habe ich gesagt, Herr Bieber, schauen Sie, wenn wir hier in Tegernsee einen schönen kleinen Hubschrauberflughafen hätten, aber nicht nur einen, sondern schon was Größeres, sechs Landeplätze, etwas weiter draußen, nicht wahr. Ich wüsste da nen schönen Flecken, eben Landschaftsschutz, aber Sie wissen, Landschaftsschutz, wenn man will, wird das auch Bauland. Entschuldigen Sie, wenn Sie die Straße verbreitern ... ich bin für die Natur. Wir sollten nicht alles verasphaltieren. Wenn heute Leute kommen und ein Geschäft brauchen, das ist ja mittlerweile international, die kommen aus Singapur, die kommen aus New York und so weiter. Die haben nicht die Zeit, irgendwo mitm Auto hier in Sauerlach im Stau zu stehen, nicht. Die wollen ruckizucki einsteigen, Hubschrauber, und dann sind die da, peng, nicht wahr. Der Tegernsee wird aufgewertet. Es liegt mir am Herzen, etwas für dieses Tal zu tun. Man darf hier nicht einschlafen, nicht wahr. Was wir hier brauchen, ist Mobilität, Mobilität, Mobilität. Und der Bieber scheint angebissen zu haben. Ich habe gesagt, Herr Bieber, unter uns – das kann ich ja auch nur am Golfplatz sagen –, es soll Ihr Schaden nicht sein. Denken Sie nach. Bei den Beziehungen, die Sie haben. Da gibts die Grünen, das weiß ich auch. Aber es gibt Grüne, die auch ein bisschen nachdenken. Sie verstehen, was ich meine. Jetzt werden wir mal sehen. Ich bin hoffnungsfroh.

GEDULD

»Ah, Herr Schmitz-Zceisczyk, darf ich fragen: San Sie jetzt schon geimpft worden oder warten Sie noch?«

»Nö, ich bin geimpft worden, nicht wahr, mit diesem deutschen, nicht mit diesem englischen Zeugs da.«

»Ah, Sie moana des Astre… Astresa… Astranisi, gell.«

»Ja, das habe ich nicht genommen. Ich meine, da weiß man ja überhaupt nicht, was drin ist, nicht wahr. Ich habe das deutsche genommen, da weiß man wenigstens, was man hat.«

»Ja, und warum? Wo is da der Unterschied?«

»Na ja, im deutschen, da sind Antikörper und solche Sachen drin, nicht.«

»Und das ist in dem anderen nicht?«

»Nee, das glaub ich nicht.«

»Des zieht sich jetzt scho mit dem Lock-down, gell.«

»Na ja, ich meine, man muss sich auch gedulden. Denken Sie mal, im Zweiten Weltkrieg, da konnten die Leute auch nicht sagen, so jetzt machen wir mal ne Unterbrechung. Das dauert seine Zeit, man muss Geduld haben.«

»Ja, da haben Sie schon Recht.«

ANNEROSE

Wenn man eine Sache von Qualität haben will, dann bekommt man die hier am Tegernsee nicht. Da muss man doch nach London oder Mailand fliegen, nicht. Zum Beispiel die Chaiselongue für Mallorca, die habe ich in Florenz machen lassen, bei einem italienischen Designer.

KARNEVAL

Wissen Sie, Herr Löffler, jetzt muss ich mal sagen, wissen Sie, so wie diese Jugend heute umgeht mit dem Geld, das kann nicht sein. Schauen Sie, ich erinnere mich, unsere Tochter, nicht wahr, die wollte immer auf den Karneval, aber diese Kostüme da. Da habe ich gesagt, nein, du gehst doch jedes Jahr aufs Oktoberfest, da kostümierst du dich. Dann nimmst du das auch für den Karneval her. Das hat sie gemacht und das war auch ein Erfolg. Ich meine, das geht auch.

AUF DER VERNISSAGE

Bei uns am Tegernsee war doch der Zahn-
arzt, der Dinzler, nein, Ditzler heißt er,
Dr. Ditzler. Der hat ne Ausstellung, eine
Vernissage gemacht, mit Bildern. Der kennt
zwei junge Maler, das heißt, das eine ist ne
sie. Die haben da ihre Erzeugnisse, ihre
Produkte ausgestellt. Das war nett, es gab
auch ein paar Häppchen. Ich bin da rumge-
irrt, nicht wahr. Er hat sich bemüht, er setzt
sich für die Kunst ein und so. Ich habe mir
das Gekritzel angeschaut. Wissen Sie, ich
will den jungen Menschen gar nichts weg-
nehmen, aber die haben schon – also die
sind preisbewusst. Das muss ich sagen, ja.
Ich gucke mir also da so eins an, so ein
Dings da, wo da irgendwas hingeschmiert …
Braun-Weiß heißt das: viertausend Euro. Da
denk ich mir gleich, sapperlott! Aber als er

mich gefragt hat, möchten Sie so ein Bild erwerben, da sagte ich, nö. Nö, kommt nicht infrage! Meine Frau malt selbst.

FUSSBODENHEIZUNG

Am nächsten Montag bin ich dann am Landgericht, da wird das verhandelt. Das ist eine ganz ungute Sache mit dieser Gemeinde. Verstehen Sie, ich komme hierher an den Tegernsee, ich lasse viel Geld da und so weiter. So wie die das sehen, da kann ich nicht mit. Ich habe sie verklagt. Ich meine, ist das Absicht oder ist das Fahrlässigkeit? Schön und gut, der Mann fährt mit seinem Traktor in der Nacht herum und räumt den Schnee weg, ist ja wunderbar. Aber er lässt vor meiner Einfahrt einen Haufen liegen, sodass ich nicht mehr rausgekommen bin. Ich kam einfach nicht mehr raus aus meinem Grundstück. Ich kann ja nicht in der Früh um halb sechs Uhr … das ist doch eine Zumutung, dass ich das wegschaufeln musste. Ich musste dringend nach Berlin, hatte eine wichtige

Geschäftsbesprechung, da ging es wirklich um viel Geld. Das konnte ich dann natürlich nicht mehr wahrnehmen. Ich kam nicht mehr zum Flieger, der war weg. Und der nächste war auch weg. Es ging nichts mehr. Da habe ich gesagt, jetzt hört mal zu, so geht das nicht. Dafür müsst ihr geradestehen. Mir ist ein Geschäft entgangen, durch diese Fahrlässigkeit. Die wehren sich natürlich, aber jetzt bin ich gespannt, nicht wahr. Ich bin bei der Kanzlei Flieder, die sind sehr gut, die haben Spezialisten auf diesem Sektor. Ich meine, das kann man doch verlangen … aber das ist die Mentalität. Die Leute hier denken so eng. Die wollen nicht einsehen, dass das so nicht geht. In Zukunft wird mir das nicht mehr passieren. Den Weg bis zum Haus, das leg ich jetzt alles unter Strom. Da kommt ne Heizung rein, da kanns von mir aus schneien wie es will, das ist mir dann scheißegal. Aber ich verklage sie. Ich bin gespannt, wie das ausgeht. Ich lass sie nicht raus, nicht wahr. Die sollen mal merken, was sie hier für einen Mitbürger haben.

HERR PFALZ

Mir ham natürlich scho dermaßerne Erfahrungen mit de Leit. Wie soll i sagn? Mir ham ja da hinten den, wie hoaßt er, den Schmitz-Zceisczyk. Der hat jetzt die Gmoa verklagt, und zwar auf über eine Million, weil er mit dem Auto ned hat rausfahren kenna. Der Birgler ist mit dem Traktor kommen auf d' Nacht, der fahrt über jeden Schneehaufen, des ist ja klar, aber er kann ja ned jedes Eingangstor freifahren. Jetzt ist er, der Schmitz-Zceisczyk, angeblich ned rauskemma. Er wollt zum Flughafen auf Minga, er hat gsagt, dass er auf Berlin muaß, und da warat eahm dann a Geschäft auskemma … also entgangen. Und der Schaden! Da verklagt er jetzt die Gemeinde auf über eine Million, gell. Was sind denn des für Leit? Die kemma hierher – da muaß i mi doch vorher fragn, obs hier an Schnee gibt.

Er wui an Schnee, aber dann wui er eahm doch ned. Aber mit solche Leit, mit derer Rass, da kummst ned weiter, des sag i dir glei. Wenn i scho den Namen Schmitz-Zceisczyk hör, dann glangts mir scho.

ANNEROSE

Ein Freund meines Mannes, der ist auch bei den Rotariern, der hat uns ermöglicht, zwei Opernkarten für Wien zu bekommen. Aber ich habe gesagt, das geht nur, wenn das Hotel auch entsprechend ist.

PHÄNOMENAL

Um es kurz zu machen, es war wirklich eine intensive Sache. Der Peschke hat uns angerufen, nicht wahr, der Leo Peschke. Der ist bei den Rotariern und der hatte mich gefragt, Elbphilharmonie, warst du da? Da sag ich, nö, aber meine Frau ist da interessiert, nicht wahr. Ja, das ist ein Konzert, und er hat zwei Tickets. Na gut, da ist sowieso die Verwandte, also die Cousine meiner Frau. Also sag ich, fahren wir nach Hamburg, in diese Elb… ach, ich weiß nicht, was es gab, Beethoven, glaube ich. Im Four Seasons haben wir übernachtet, da haben wir uns einquartiert. Und dann also diese Elbphi… ich meine, gut, die haben es ja auch überzogen, finanziell. Und Beethoven, ja gut. Es war wunderbar. Und wir waren dann im San Michele, nicht wahr. Das ist sowas wie ein Austernkeller, das ist fabelhaft, französisch, nicht wahr. Da hatten wir sehr gute Bordeaux-Weine, also was die da hergeschleppt haben! Und meine Frau – wir waren einfach gut drauf. Die Musik, es ging nicht so lange, Gott sei Dank, man konnte es aushalten. Dann haben wir also schon Vorspeisen … also man muss schon sagen, diese französische Küche, wenn man sie original bekommt, das ist ja heute eine Rarität. Also wirklich, die ganze Sache, diese Elbphilhalomie, wunderbar.

DER SCHÄDLING

Neulich, das war wirklich eine Erfahrung, die möchte ich nicht noch einmal machen. Die kam auch unvermutet, nicht wahr. Die hatten kurz zuvor angerufen, die Flötz. Dieser Flötz, der arbeitet doch bei der Landesbodenkreditanstalt und er und seine Frau, die haben doch einen Jungen, einen Knaben, den haben sie mitgenommen. Joseph heißt der Kerl, nicht wahr. Ich kann nur sagen, bei allem Respekt! Ich bin nicht gegen Kinder, aber eine Erziehung … er ist ein wahrer Schädling, dieser Kerl. Meine Frau hat gesagt, wir haben noch etwas Käsekuchen da, bleiben Sie doch zum Kaffee. Und was ist mit dem Kind? Meine Frau sagte, der kann ja drüben im Nebenzimmer … da bekommt er was zum Spielen. Sie hatte noch so einen Plüschbären und so weiter. Da hat sie ihm irgendwas hingestellt, damit er eben beschäftigt ist. Aber der Kerl, der hat sich … der hatte ein Schnitzmesser. Ich dachte noch, Achtung! Aber meine Befürchtung war berechtigt. Hat der Kerl in unsere Biedermeier-Chaiselongue – hat der da reingehackt und hat also geschnitzt. Das sind Schäden, nicht wahr. Er schnitzt eben gerne. Ja, also Entschuldigung! Nachdem sie dann gegangen sind, so zwei, drei Tage später denk ich mir, was ist mit unserer Pallas Athene? Wir haben nämlich eine Pallas Athene aus Nymphenburger Porzellan, nicht wahr. Der fehlen beide Hände, die hat jetzt gar keine Hand mehr. Der hat das einfach zerschlagen. Das kann nur … also wir haben eine Zugehfrau, ne Ausländerin, die Jovanka. Die kommt irgendwo aus Jugoslawien, ist aber dafür verhältnismäßig ehrlich. Da kann man nichts sagen. Die hätte das zugegeben, wenn sie das gewesen wäre. Aber das war der Saukerl, nicht wahr. Das Kind ist wirklich ein Schrecken für jede Haftpflichtversicherung!

BÜCHER

Ich weiß nicht, wie es Ihnen geht, aber ich habe an Weihnachten wieder Bücher, Bücher, Bücher geschenkt bekommen. Ich sach, Kinders, lasst das. Ich kann das nicht alles lesen. Ich meine, ich lese den *Merkur,* ich lese eben das, was hier so stattfindet. Aber ich habe wirklich genug vom Lesen. Was ich schon gelesen habe, ich war wirklich ne Leseratte zu meiner Jugendzeit. Ich hatte den Schrank voll mit Büchern. Ich hatte Felix Dahn gelesen, *Ein Kampf um Rom,* nicht wahr. Damals, als junge Menschen, hatten wir diese Heftchen, *Prinz Eisenherz* haben wir gelesen und *Tarzan,* nicht wahr, und all diese Sachen. Das habe ich alles gelesen. In der Schule musste man dann ja sowieso. Ich mein, um den Thomas Mann kommt ja kein Mensch herum. Diese Geschichte mit der

Tuberkulose in diesem Dings da drin, das waren alles so Sachen. Ich habe den Nerv nicht, nicht wahr. Dieser Dostojewski und diese Menschen, die schreiben Dinge, das ist wunderbar. Wie sie formulieren, das ist elegant, aber das kann heute kein Mensch mehr. Das geht nicht mehr. Ich muss auch sagen, ich bin todfroh, dass wir jetzt auch mal über ein Handy verfügen, da geht alles ruckzuck. Man liest was, man weiß was. Das haben die früher nicht gekonnt, das konnten die einfach nicht. Die haben umständlich ... wie die geschrieben haben, das Altdeutsch, das kann ja keiner mehr. Ich meine, ich kann es noch entziffern, ne, Sütterlin und so. Aber die jungen Leute, die stehen da wie der Ochs vorm Berge. Die verstehen das nicht mehr. Die zwitschern, die drücken auf einen Knopf, und schon wurde alles gesagt oder alles gelesen. Und schreiben tun sie auch nicht mehr. Ich glaube, das geht dahin. Wir gehen ganz, ganz anderen Zeiten entgegen. Übrigens, ich habe einen tollen Bordeaux zu Hause, ich kann Ihnen nur sagen, den müssen Sie mal versuchen.

DENKMALSCHUTZ

Jetzt muss ich erst mal nen Schluck trinken. Auf Ihr Wohl, nicht wahr, zum Wohl. Mmhh, mhm, mhm. Das ist ein guter Tropfen. Also, wo wollte ich hin? Ich wollte Ihnen nur sagen, da ist doch neulich oben im Spitzinggebiet ein Stadl abgebrannt. Da sind sie rauf und haben es gelöscht. Aber da war im Endeffekt nichts mehr da. Alles lag in Schutt und Asche, wahrscheinlich Brandstiftung. Aber wissen Sie, das Getue. Man liest dann immer wieder: Das ist alles im Außenbereich, und da darf niemand mehr hinbauen. Dann sag ich, wieso denn, da war ja was gestanden. Und irgendwann ist so was einfach zu Ende, wenn so ein Kasten … also ich habe ja nichts dagegen. Und ich halte mich für konservativ, das sowieso. Aber wenn so ein Ding eben mal drei-, vierhundert Jahre am Buckel hat, nicht wahr, der Holzwurm holt sich seine Sache. Es wird einfach übertrieben. Die Feuerwehr sagt auch selbst, diese ganzen denkmalgeschützten Dinge, die gehören im Grunde weg. Das sehe ich auch so. Auf der einen Seite machen sie einen mords Baldores, weil man das und das und das ja haben muss. Aber dieses alte Zeug, das brennt doch wie Zunder. Und die jungen Leute heute … da sagt ein Virologe was, dann rasten die aus, gehen auf die Straße und zünden sowieso irgendwas an. Die Straßen sind ja voll mit diesen Brandstiftern. Und wer soll denn das alte Zeug schützen? Ich bin wirklich für UNESCO-Schutz, ja, alles gut. Aber ein paar Stück, das genügt doch. Ich würde das abreißen, ich würde da mal was hinbauen. Und zwar nicht kleckern, ich würde mal klotzen. Ich würde sagen: Kommt, Jungs, wir gehen neuen Zeiten entgegen. Also weg mit diesem Gerümpel. Wer Antiquitäten will, der kann sich ne alte Tasse zu Hause aufheben oder nen schönen alten Teppich. Aber mit diesen Häusern – das ist doch verrückt. Die Feuerwehr dreht ja durch. Unser übernächster Nachbar, der ist nämlich bei der Feuerwehr, der sagt, also was da noch an Potenzial zum Abbrennen ist, das kann man sich nicht vorstellen.

VOGELZÄHLUNG

Da war doch jetzt – was haben sie gemacht? – eine Vogelzählung. Haben sie die ganzen Piepmätze gezählt, nicht wahr. Ich mach da nicht mit. Gut, ich mag das Geflügel, wenn es im Garten sitzt, aber mein Nachbar, der füttert immer. Ich meine immer, man muss da vorsichtig sein. Wenn man den Vögeln den kleinen Finger gibt, dann wollen die die ganze Hand. Die verkacken alles. Im Sommer kann man dann nicht mal ne Torte stehen lassen, oder wenn man Kaffee hat, das wird alles verkackt. Amseln, die sind sowieso, also ich mag die Amseln nicht. Der einzige Vogel, den ich … das ist … nein, doch nicht der Pinguin … der Flamingo! Aber wir haben ja keine Flamingos am Tegernsee, wir haben ja praktisch nur diese Krähen, die da immer krähen. Die stören einen in der Früh und am Abend, die gehören also eigentlich weggeschossen, aber dann hast du da wieder diese Tierliebhaber, und die sind ja verrückt. Denen kanns nicht genug geben, dabei hätten die sich mal den Hitchcock-Film anschauen sollen mit den Vögeln, nicht wahr, aber haben sie wahrscheinlich nicht gesehen.

MAN ISST UNTER SICH

Also, man vermisst ja hier gar nichts. Ich war essen, warten Sie, wann war das, mit Dr. Grimmler … der ist übrigens Professor geworden. Zur Feier des Tages habe ich ihn eingeladen. Da gehen wir doch mal rüber ins Acqua Bella, habe ich gesagt. Und da aßen wir dann nen Leberkäse, er dachte, das wäre Camouflage, nicht wahr, das wäre irgendein Leberkäse. Nee, nee, habe ich gesagt. Wissen Sie, was Sie da gegessen haben? Das waren diese taiwanesischen Warzenschweine. Da guckte der schon richtig überrascht aus der Wäsche. Und da machen die hier im Acqua Bella nen Leberkäse und Sie können da draufhaben, was Sie wollen. Sie können nen normalen Hausmachersenf nehmen, aber es gibt auch Kaviar, das geht alles. Ich meine, wir haben am Tegernsee die »Variatio Delectat«, sagt man doch, nicht wahr. Auch ein Blunzen-Geröstel. Ich dachte eben, das ist auch einfach sowas von hier. Dann sagte der Wirt, nee, da werden Sie staunen. Das Blut ist vom Kobe, das ist doch dieses japanische Vieh. Also wirklich, alle Möglichkeiten! Der Tegernsee ist gastronomisch himmlisch, das ist ein Paradies geworden. Und drum fühlen wir uns alle hier so wohl und heimelig.

Das Ganze hat natürlich noch einen Vorteil, nicht wahr, man ist unter sich. Wissen Sie, die Preise sind auch so designt, dass bestimmte Leute hier gar nicht erst reinkommen. Das hat auch Vorteile. Hier sind eben eher die Einheimischen zu Hause. Fremde, so Tagestouristen, die kommen hier nicht her.

DER WIRT

Wissens, der kimmt immer sehr spät. Man soll über einen Gast, na, ich red ja ned schlecht über den Herrn Schmitz-Zceisczyk, aber ich muss Ihnen eins sagen, er kimmt immer spät ins Lokal, und dann möcht er dies und das, gell. Beim letzten Mal auch, da wollt er noch an Kaiserschmarrn. Da hab ich gsagt, Herr Schmitz-Zceisczyk, es tut mir leid, aber der Koch, der macht des nimmer mit, der geht. Der ist jung, verheiratet, der hat ein Kind, der will heim. Aber nein, er möcht den Kaiserschmarrn und so weiter. Jetzt hab ich mich selber hingestellt und den Kaiserschmarrn gmacht. Aber wissen Sie, der Mensch hat … in seinem Wortschatz, da fehlt was, weil das Wort »Dankeschön«, des kennt der gar ned.

DER EVENT I

Also, wir sind jetzt schon dabei. Wir müssen
ja für die Adventszeit jetzt schon buchen.
Wir haben die Erfahrung gemacht, dass hier
am Tegernsee alles ausgebucht ist. Man muss
sich rechtzeitig anmelden und muss vorboo-
ken. Letztes Jahr, das war großartig, da hatten wir diesen Santa-Claus-Event, den
machten wir an dem Plage Vère, in diesem
Lokal unten am See. Der Wirt, dieser Luigi,
der war sehr verständig. Ich will schon ein
bisschen was mit bayerischer Note. Da sagt
er, das wird schwierig, aber er versucht es.
Er hat so eine Liste an Musikern. Mundharmonika-Spieler, das geht natürlich nicht,
habe ich ihm gesagt. Ja, er hätte da noch
zwei Leute, die Knöpfelbuam, die wären aus
Ruhpolding, die könnten spielen. Wenn die
sich darauf einlassen können, was wir hier

machen – es muss eben passen, nicht wahr.
Wir essen nämlich Lobster, wir machen das
Lobster-Festival, Nikolaus-Lobster. Da
kommt dann auch der Knecht Ruprecht.
Dann kommen die Hopgoblins und es werden Geschenke verteilt. Da ist der Teufel
los, eine richtig wilde Sause. Dann gibt es
noch diese verschiedenen … also wir trinken alle durcheinander, jeder, was er will.
Natürlich auch Piña Colada und sowas. Wir
kommen alle mit dem Taxi, keiner fährt.
Ich hoffe, dass diese Knöpfelbuam das schaf-
fen … aber in München gibt es doch sonst
auch noch diese Uruguayos, nicht wahr. Die
können auch spielen, das ist eine Party-
Band. Mir ist das im Endeffekt egal, aber ich
möchte, dass da eine Stimmung aufkommt.
Wir haben wunderbare Gerichte, wir haben
die feinsten Sachen, Frutti di Mare, alles
mögliche. Das soll doch ein schöner Niko-
laus-Event sein. Der Luigi war aber sehr
verständig und hat gesagt, er würde alles
tun. Aber bitte, ich beschwöre Sie, keinen
Mundharmonika-Spieler, oder was ich mal
gehört habe, Maultrommler! Das kann ich
nicht ab. Mit Maultrommeln geht das nicht.

Das hat er hoch und heilig versprochen, nicht wahr. Also bisher waren diese Feiern im Plage Vère wirklich großartig. Das ist Tegernsee.

DIE BAYERISCHEN SEEN

Da gibts doch diese Seenplatte in Oberbayern. Ich habe das aus der Zeitung entnommen, aus der Heimatzeitung, nicht wahr. Ich meine, natürlich, das Oberland ist interessant, es gibt ja viele Seen. Kochelsee und Staffelsee und auch der Chiemsee, das wurde alles besprochen und natürlich Starnberger See und – wie heißt er? – Ammersee. Da muss ich aber wieder sagen, wissen Sie, der Tegernsee kam zu kurz. Der kam eindeutig zu kurz. Nicht nur, weil ich am Tegernsee wohne, nein. Aber wir haben den Starnberger See durchaus schon ein paar Mal gesehen. Meine Frau auch, und wir sagen, natürlich, da gibt es ein paar schöne Häuschen. Aber mit dem Tegernsee ist das überhaupt kein Vergleich, nicht wahr. Der Tegernsee, der hat etwas, was den anderen fehlt. Das fängt schon bei der Restaurant-Dichte an. Die Sterne, die Sie am Tegernsee sammeln können, das haben die anderen nicht so. Und wenn, dann ist es viel weitläufiger. Sagen wir, Sie möchten jetzt mal gut auftrüffeln, nicht wahr. Natürlich gibt es das am Starnberger See. Aber da müssen Sie unter Umständen lange herumkutschieren und mit dem Auto hinfahren. Hier haben Sie einen kurzen Weg. Und dann haben Sie hier eine Form von Rustikalität, die ich am Starnberger See so nicht mehr finden kann. Da sind mir zu viele Fremde und keine Einheimischen mehr. Wir sind Leute, die sich schon lange auskennen. Die anderen sind alles Neulinge. Das sind Menschen, die kommen hier her und meinen Wunder was. Aber im Endeffekt sollen die am Starnberger See bleiben. Das ist mir recht, nicht wahr. Der Tegernsee hat ja auch … ich möchte meinetwegen einen Spaziergang machen, dafür fahre ich sogar zum Spitzingsee rauf, nicht. Bis so jemand vom Starnberger See bis zum Spitzingsee fährt, das ist ja ein Umweg, nicht wahr, die Möglichkeit hat er nicht. Und vom Ammersee will ich überhaupt nicht reden. Natürlich gibt es den See, aber da wohnen irgendwie so … also wer auch immer da wohnt, eine gute Adresse in dem Sinne ist es ja nicht. Wer kennt denn in Sylt den Ammersee? Aber den Tegernsee, den kennt jeder. Da können Sie in ganz Sylt fragen, von Ammerland bis … der Tegernsee ist bekannt. Andersrum, wer kennt denn die anderen Inseln da oben? Sylt ist bekannt. Man muss eben wissen, wo man hingeht, nicht wahr. Das ist ein prominenter Platz, und wenn ich da bin, ich gebe es zu, bin ich auch mal ganz gern der Platzhirsch. Wir haben uns ja nicht hier angesiedelt, um einfach hier zu wohnen, sondern das ist eine Residenz. Residieren ist was anderes als wohnen, das sagt Ihnen heute jeder Immobilienmakler. Irgendwo eine Bruchbude an einem Ammersee oder an einem Chiemsee zu haben, das mag ja ganz schön sein, nicht wahr, aber da fehlt die Dimension.

ANNEROSE

Also mir geht hier alles auf die Nerven zurzeit. Ich weiß nicht – ist es das Wetter? Es
regnet immer. Ich muss mal raus, und wenn
es nur Paris ist. Aber ich kann nicht lange
bleiben, Frau Orlow hat am Dienstagabend
zum Bridge geladen.

DIE MÜCKENPLAGE

Also, eines muss ich Ihnen schon sagen: Das war unerfreulich. Der ganze Sommer war versaut. Gott sei Dank waren wir nicht die ganze Zeit hier am Tegernsee, es war unwirtlich. Wir konnten kaum mehr schlafen, wir konnten kaum mehr wohnen, nicht wahr. Wir sind dann natürlich abgefahren und haben diese Reise gemacht. Wir waren in der Antarktis, meine Frau und ich, wir haben da die Pinguine beobachtet und so. Das war die einzige Zeit, wo wir eine Ruhe hatten. Denn bei uns zu Hause kamen in der Nacht so Mücken oder Schnaken, nein, nicht Schnaken, sondern so ganz winzige Mikro... die sehen Sie kaum. Ich habe ja Mückenfenster, damit diese Plage nicht zu uns hereinkommt. Aber meine Frau war trotzdem total zerstochen. Ich sehe meine Frau in der Früh an und sage, wie siehst denn du aus. Dann sagte sie, ja, das kann ich von dir auch sagen. Das ganze Gesicht voller Pickel. Alles war zerstochen, alles voll mit mit diesen Pusteln, nicht wahr. Ich habe es selber gar nicht gemerkt. Dann hat sie gesagt, sie kauft mal ne Cortison. Der Apotheker sagte, bei solchen Sachen Cortison. Ich weiß, das ist ein Teufelszeug. Wir haben uns eingeschmiert wie die Verrückten, aber das hat nichts geholfen! Die nächste Nacht dasselbe, jede Nacht wieder, nicht wahr. Und dieses Viehzeug, das kommt überall herein. Also habe ich gesagt, pass auf, wir müssen was unternehmen, wir gehen ins Krankenhaus und werden uns da mal erkundigen, denn das kann ja nicht wahr sein. Wir haben ja ein Grundstück, Sie wissen, wir wohnen direkt am See. Und direkt davor wächst dieses Röhricht. Das ist Naturschutz. Ich dachte schon, man müsste da mal was abmähen oder wegmachen, denn das gibt diesem Ungeziefer doch eine wunderbare Behausung. Da kommen die wahrscheinlich her, wo sonst. Aber es hieß, das ist streng verboten, das geht nicht. Dann habe ich direkt mal bei dieser Schlösser- und Seenverwaltung angerufen, das kann nicht sein, dieses Röhricht, das muss doch weg. Aber der sagte nur, nein, da ist der Schwan drin und der Frosch und so weiter. Guter Mann, aber ich kann doch nicht warten, bis so ein Frosch die ganzen Mückenlarven weggefressen hat. Ich kann nicht mehr schlafen, ich bin fix und fertig, meine Frau auch. Ja, aber die Natur würde doch selber … Nö! Da muss man eingreifen. Da müssen Sie sprühen oder was immer Sie machen, aber das geht doch so nicht. Sie leisten ja Beihilfe zur Körperverletzung. Ich habe mich deswegen mit meinem Anwalt schon in Kontakt gesetzt. Dieses Röhricht muss weg! Jedenfalls, in dieser Form geht das nicht. Was sich da alles niederlässt, nur weil mal ein Schwan da drin ein Nickerchen macht oder ein Frosch da drin seine Freizeit verbringt. So geht es einfach nicht! Ich bin gespannt. Und wenn es nicht anders geht, ich sage es Ihnen ganz ehrlich, ich sehe demnächst einem Prozess durchaus entgegen.

Wissen Sie, ich bin ja nicht in Brasilien im Dschungel. Ich bin hier am Tegernsee. Entschuldigen Sie, aber da muss ein Unterschied sein, nicht wahr. Ich meine, ich weiß auch nicht, wo diese Schnaken oder dieses Zeug herkommen. Normalerweise summen die, das weiß man, dann nimmt man eine Klatsche und kann sich wehren. Aber die hört man nicht. Das ist eine ganz neue Art. Mittlerweile wandert hier ja auch alles ein.

ÜBER HANDWERKER

Die Leutchen hier, die sind alle sehr dienst-
beflissen, das muss ich sagen. Ich meine, ich
zahle gutes Geld, aber man macht auch Erfahrungen, wo ich sagen muss … Ich wollte
doch oben im Loft eine Zirbelstube einrich-
ten. Meine Frau sagt auch, wenn Mariechen
kommt, das ist unsere Verwandte, die Schwes-
ter meiner Frau, dann kann die da übernach-
ten. Zirbelholz, nicht wahr, Zirbelholzstube.
Man sagt ja immer, Zirbel beruhigt, ist gut
für den Kreislauf und so. Gut, dann machen
wir mal so einen Kostenvoranschlag. Ich
habe mich gefragt, wer da am Tegernsee zu-
ständig ist. Und dann wurde mir ein Tischler
empfohlen, ein gewisser Brezburger. Der
kam, hat sich das angesehen und sagte, die
Bedingungen da oben seien nicht optimal. Er
müsse da was Besonderes zuschneiden und

das koste. Für die ganze Stube knapp an die hunderttausend Euro, davon ging er aus. Und da denke ich, das ist schon viel Geld. Dann fragte ich, wann. Er sagte, das wisse er auch nicht, er sei voll belegt zurzeit. Die Leute seien verrückt nach Zirbel, ich müsse warten. Ich wartete. Ich habe ein geschlagenes Jahr gewartet! Meine Frau meinte, das kann ja nicht sein, dass der nicht kommt. Haben die denn zu viel Geld? Der muss doch Geld verdienen. Jedenfalls, er kam nicht. Dann bin ich mal dem Professor Schartans im Bräustüberl begegnet. Und der sagte mir, er habe auch eine Zirbelstube. Die hätten ihm so Südtiroler gemacht, da in der Nähe von – wie heißt das? – Toblach. Das ist ja ein bisschen weit. Ja, sagte er, aber die sind da sehr kundig. Die sind Zirbelspezialisten, nicht wahr. Nicht billig, aber sehr zuverlässig. Nun gut, jetzt passen Sie auf. Ich habe mich da anvertraut und bin extra hingefahren, mit meiner Frau, in die Nähe von Toblach. Wir haben mit diesem Tischlermeister gesprochen. Der machte einen guten Eindruck. Er wollte mal kommen und sich das angucken. Es dauerte wiederum ein halbes Jahr, bis der erschienen ist. Er kam, hat das ausgemessen und sagte auch, das ist gesund, das weiß er natürlich. Er habe schon viele Zirbelstuben gemacht. Eines Tages erschienen da tatsächlich drei Leutchen und fingen an rumzumurksen. Und das hörte nicht auf! Es wurde gebohrt und es wurde gehämmert und es ging nichts voran. Ich dachte mir, was ist denn das, wie lange dauert das denn. Er hatte mir gesagt, innerhalb einer Woche sei die Sache gegessen. Da war nichts gegessen. Nach einer Woche guckte meine Frau und sagte, da sei ja noch fast gar nichts geschehen. Also stellte ich den Mann zur Rede und sagte, entschuldigen Sie, aber Sie verlangen doch einiges Geld, da kann man doch verlangen, dass Sie da mal richtig anpacken. Er sagte, ja, also er muss da immer Einzelteile und weiß der Teufel. Ich wollte ja auch diese Äste, aber jetzt sehe ich überall so Äste, muss das sein? Kann man das nicht auch mit ein bisschen weniger Ästen haben? Ja, sagte er, mit Aufpreis. Ich habe schon gemerkt, das ist ein ganz Schlauer. Na ja, sagte ich schließlich, machen Sie weiter, am Geld allein soll es jetzt nicht liegen. Es ging nichts weiter. Dann wollte er eine Zwischenrechnung machen. Da sagte ich, wieso denn, wenn das fertig ist, dann werden Sie bezahlt. Nö. Also eine Zwischenrechnung. Er habe auch Kosten und er müsse das bezahlen. Er möchte dreißigtausend Euro auf die Hand, also ohne … Sie verstehen, nicht wahr. Dann sagte er, außerdem habe er die vielen Anfahrten. Dann sagte ich, Sie sind ja jetzt, so weit ich gezählt hatte, drei Mal gekommen. Ja, sagte er, aber er war ja noch in Lech am Arlberg und in Garmisch. Huiuiui, dachte ich … und von mir verlangen Sie die Anfahrt, weil Sie auch nach Garmisch fahren? Ja, sagte er, das wäre ganz egal, er verlange jede Anfahrt extra. Das ist doch unverschämt, nicht wahr. Aber jetzt passen Sie auf, jetzt kommts. Es dauerte vierzehn Tage, wobei, das genügt nicht, nach mindestens vierzehn Tagen hörte ich, es sind zwei seiner Angestellten da, die herumarbeiten. Und dann dachte ich mir, die reden doch gar nicht Deutsch. Was reden die denn? Sagen Sie mal, woher kommen Sie? Dann sagte er, er sei Ungar und der Kollege hier auch. Was sagen Sie, Sie arbeiten in Südtirol als Ungarn und machen Zirbelstüberl? Ja, sagten sie, das machen sie. Das ist doch die Höhe! Der nimmt die Leute aus Ungarn, die haben doch keine Ahnung von einer Zirbelstube. Zirbel wächst ab fünfzehnhundert Meter. In Ungarn haben die Berge höchstens fünfzehn Meter. Woher sollen die wissen, was eine Zirbe ist? Da war ich schon sehr enttäuscht. Ich bin gespannt, ich sitze auf glühenden Kohlen, nicht wahr, weil die Stube ist immer noch nicht fertig. Aber ich habe meinen An-walt schon mal vorsorglich angesprochen, der soll sich schon in Bereitschaft stellen. Ich sehe da einen Prozess auf mich zukommen.

DER EVENT II

Also, ich habe jetzt Nachricht bekommen vom Luigi, das ist der Wirt hier vom Plage Vère. Er hat jetzt jemanden, einen Entertainer. Einen Alleinunterhalter. Den Weltall-Rudi, der spielt mindestens zehn Instrumente, der würde das machen. Da sage ich, ja gut, was kostet der Mensch. Da sagt er, also ohne Anfahrt will der in der Stunde siebzig, achtzig Euro haben, unter dem macht er's nicht. Na ja, sag ich, das ist zwar ziemlich unverschämt, aber ich meine, der Mann ist ja schließlich Musiker, die wissen inzwischen auch, was sie verlangen. Aber gut, Schwamm drüber, da gucken wir mal nicht aufs Geld. Es kommt auf die Stimmung drauf an. Wir trinken verschiedene wunderbare Sachen, die Leute sind in Hochstimmung und dann werden Gedichte vorgelesen. Jeder muss ein Weihnachtsgedicht vortragen und da freu ich mich jetzt schon. Meine Frau sagt, das wird ein Gaudi! Da sind wir unter uns. Wir sind alle schon ganz gespannt. Obwohl jetzt erst Juli ist, aber wie sagt man: We are looking forward.

SCHMITZ KOMMT NACH HAUSE

Ja, wie soll ich Ihnen das jetzt sagen? Wir mussten ja, das war letzte Woche am Freitag, da kamen wir nicht drumherum, wir mussten nach Kitzbühel fahren, nicht wahr. Das heißt, es war gar nicht Kitzbühel. Wissen Sie, der Tollkötter hat angerufen, den kenne ich noch von früher. Das ist ein Mann, der hat so ein Schicksal, nicht wahr, die dritte Frau und irgendwelche Kinder. Was die machen … ist ja egal. Jedenfalls kommt uns dieser Mensch immer wieder mit: Wir müssen ihn unbedingt besuchen. Er weiß ja, wir sind in der Nähe, am Tegernsee, und das wär ja nur ein Sprung und so. Der hat uns weichgekocht. Also auf nach Kitzbühel. Jetzt wohnt der gar nicht in Kitzbühel, das haben wir erst erfahren, der wohnt in Reith. Ich wusste gar nicht, was das ist oder wo oder wie. Das ist jedenfalls außerhalb von Kitzbühel, habe ich mir schon gedacht. Na ja, Kitzbühel, das kann er sich wohl nicht leisten. Ist ja auch keine Schande, nicht wahr, aber der wohnt da jwd, irgendwo in der Pampa bei Reith, und wir sind dann da hingefahren. Ich sage es Ihnen ganz ehrlich, wir mussten da über so einen Weg fahren, und wenn ich nicht einen Fourwheeler hätte, dann wären wir da gar nicht hingekommen. Ich mach es kurz: Es war alles sehr freundlich. Die Frau hatte gekocht, sie haben sich sehr bemüht, das muss man sagen. Aber wir sind dann doch möglichst bald wieder gegangen. Und da ich doch etwas getrunken habe, um auch der Situation ein bisschen zu entgehen, habe ich nachher etwas geschluckt. Wir fuhren dann nach Kitzbühel, da hatten wir das Hotel. Das muss ich auch wieder sagen: Kitzbühel hat sich sehr verändert. Das Hotel, wo wir waren, das sind ja nur noch … mit Deutsch kommen Sie nicht mehr durch. Das ist nur noch Englisch. Das Personal, ich weiß nicht, kommen die aus Pakistan, Afghanistan oder aus Indien. Das sind Leute, nicht wahr, freundlich, da kann man nichts sagen, aber nur Englisch. Die ganze Speisekarte auf Englisch, nicht wahr. Verstehen Sie? Zum Beispiel ein Tiroler Geröstel. Ich sagte, jetzt bin ich in Tirol, da möchte ich ein Tiroler Geröstel, nicht wahr. Dann steht da: Roasted Potatoe mit Blood Pudding. Ist ja egal für Leute von außerhalb, von Südamerika, oder wo die herkommen. Aber gibt es denn da keine Deutschen mehr? Dann wollte ich einen Wein trinken und sagte, bringen Sie uns was Ordentliches. Dann bringt der uns – wie heißt er? Dann sagte ich, ja haben Sie keinen Quarz Razin mehr? Alles hat sich … verstehen Sie? Alles ändert sich. Ich bin es anders gewohnt. Ich habe ja nichts dagegen, aber das ist nicht meine Welt. Wir sind wieder zurückgefahren. Dann waren wir wieder am Tegernsee und sind in das Bräustüberl gegangen, Gott sei Dank. Jetzt bist du wieder hier, zu Hause, habe ich mir gedacht! Da gab es dann diese Schweinsbratwürstel und das Bier, da war ich wieder so richtig zu Hause.